Heiko Vandeven

Zwangsstörung wirklich heilen!

Wie ich in 15 Minuten die
Zwänge meines
Sohnes geheilt habe

Bibliografische Information der Deutschen Nationalbibliothek:
Die Deutsche Nationalbibliothek verzeichnet diese Publikation in der Deutschen Nationalbibliografie; detaillierte bibliografische Daten sind im Internet über http://dnb.dnb.de abrufbar.

© 2016 Heiko Vandeven

Illustration: Bilder von Fotolia
Zeichnungen: Sarah Hock

Herstellung und Verlag:
BoD – Books on Demand, Norderstedt
ISBN 978-3-7412-2633-5

Inhaltsverzeichnis

Vorwort	7
„Ich muss immer so komische Sachen machen!"	8
Refraiming, ein wichtiger Prozess für jede Veränderung	14
Erinnerungen können wir verdrängen, nicht aber unsere Gefühle	16
Gewohnheiten geben uns Sicherheit, auch wenn sie uns oft nicht glücklich machen	19
Eine neue Sichtweise, der Schlüssel für eine schnelle Therapie	23
Erinnerungen sind nur noch Nervenverbindungen in deinem Gehirn	24
Gefühle von der aktuellen Lebenssituation trennen	25
„First emotional Moment"	28
Gefühle formen unser Verhalten	34
Trancezustände erleichtern und beschleunigen die Therapie	35
Das Beispiel vom Rohrbruch	37

„Flying Emotions", die größten Geheimnisse
für schnelle Lebensveränderungen 39

Gefühle, der rote Faden in unserem Leben 45

Der letzte Test auf dem Zukunftsweg 47

Für Veränderungen in unserem Leben müssen
wir gehirngerecht arbeiten 49

Frei von Zwängen 52

Flying Emotion 54

Der feuchte Keller 63

Hilfe zur Selbsthilfe 71

Das tote Pferd 75

Du bist der Schöpfer deines Lebens 77

Weiterführende Informationen 78

Vorwort

Erst einmal vielen Dank, dass du mein Buch gekauft hast ☺. Ich habe dieses Buch bewusst klein und kurz gehalten, um dir auf einem möglichst kostengünstigen Weg vielleicht eine neue Möglichkeit zu zeigen, wie du aus dem Hamsterrad Zwangsstörung herauskommen kannst.

Das Buch hat nicht den Anspruch, dass du nach dem Lesen frei von deiner Zwangsstörung bist. Auch soll es nicht einer von vielen Ratgebern sein, die dir beibringen, dich mit deiner Zwangsstörung zu arrangieren oder besser mit ihr zurechtzukommen.

Das Buch soll vielmehr ein Türöffner für einen neuen Weg sein, mit dem es möglich wird, eine Zwangsstörung wirklich aufzulösen. Es ist ein vollkommen anderer Weg als der, den die Schulmedizin anbietet, denn mein Weg beschäftigt sich mit den Ursachen einer Zwangsstörung und nicht mit den Symptomen.

Dass er funktioniert, habe ich bei meinem Sohn festgestellt, mit dem ich täglich Kontakt habe und der seit der Behandlung keine Probleme mehr mit seinen Zwängen hat. Der Titel meines Buches ist sehr provokativ und löst die unterschiedlichsten Reaktionen bei Betroffenen und Therapeuten aus. Ich muss auch ehrlich sagen, dass ich nicht weiß, ob die Behandlung meines Sohnes 12 Minuten oder 20 Minuten gedauert hat, denn ich habe die Zeit nicht bewusst gestoppt. Die Dauer ist aber letztendlich auch egal, denn der Weg ist hier das Ziel.

Auch in meiner Praxis benötige ich bei manchen Patienten zwei Sitzungen, bei anderen fünf und bei wieder anderen zehn Sitzungen, bis sie ihr persönliches Ziel erreicht haben. Viele meiner Patienten sind danach komplett frei von Zwängen, andere bekommen zumindest ein großes Stück mehr Lebensqualität zurück.

Entscheide selbst, ob dieser neue Weg für dich infrage kommt, denn dafür habe ich dieses kleine Buch geschrieben. Ich lade dich deshalb jetzt ein, mit mir auf eine kleine Reise zu gehen. Die Reise, die im Leben meines Sohnes wohl die wichtigste war.

„Ich muss immer so komische Sachen machen!"

Es war ein Tag nach Dreikönig, als mich mein damals elf Jahre alter Sohn in sein Zimmer rief. An seiner weinerlichen Stimme bemerkte ich sehr schnell, dass etwas mit ihm nicht in Ordnung war. Ich fragte mich, was mich wohl gleich erwarten würde, und öffnete vorsichtig die Tür zu seinem Kinderzimmer. Mit hängendem Kopf und Tränen in den Augen kauerte mein Sohn vor mir auf seinem Bett.

Den Kopf hatte er tief zwischen seinen beiden Knien vergraben. Ich merkte, wie plötzlich mein Pulsschlag in meinem Hals stark vibrierte. So verzweifelt hatte ich meinen Sohn noch nie erlebt.

Ich versuchte, mir meine innere Unruhe nicht anmerken zu lassen und schloss leise die Tür hinter mir. Mit vorsichtigen Schritten ging ich zu meinem Sohn und setzte mich neben ihn auf das Bett. Ich nahm ihn in den Arm, atmete tief durch und fragte ihn: „Was ist denn Schlimmes passiert?"

Es dauerte nur wenige Sekunden, bis er den Kopf hob und mit weinerlicher Stimme flüsterte: „Ich muss immer so komische Sachen machen." Ich stutzte kurz und fragte ihn: „Welche komischen Sachen?" – „Na, wenn ich die Treppe hochlaufe, muss ich sie wieder zurückgehen und noch einmal hochlaufen.

Und das muss ich zehn- bis fünfzehnmal wiederholen, erst dann kann ich weitergehen. Und wenn ich abends auf meinen Wecker schaue, muss ich das auch zehn- bis fünfzehnmal kontrollieren, damit ich mir sicher sein kann, dass ich die Weckzeit richtig eingestellt habe."

Als er die letzten Worte ausgesprochen hatte, blieb mir fast der Atem stehen. „Mein Sohn hat eine Zwangsstörung!", schoss es mir durch den Kopf. Ich konnte nicht glauben, was ich gehört hatte! Gerade wenn man als Psychotherapeut (HP) arbeitet, denkt man nicht im Geringsten daran, dass solche Probleme auch in der eigenen Familie vorkommen könnten.

Ich benötigte einen kurzen Moment, um mich zu sammeln, holte tief Luft und sprach zu meinem Sohn: „Das, was du da tust, ist nichts Schlimmes, außerdem gibt es einen guten Grund dafür." – „Einen guten Grund?", fragte mein Sohn und schaute mich mit großen Augen an.

„Ja", sagte ich und tippte mit meinem Zeigefinger an seinen Kopf, „dein Gehirn würde nie etwas tun, was schlecht für dich ist! Auch wenn dir der Sinn deiner Wiederholungen nicht gleich bewusst wird, irgendetwas Positives muss du davon haben." – „Was soll denn an den Wiederholungen positiv sein?", wollte er verwundert wissen und ich antwortete: „Ich denke, bevor du etwas wiederholst, spürst du Gefühle wie Angst und Unsicherheit in deinem Körper.

Dein Gehirn weiß von Kindesbeinen an, dass dich Wiederholungen sicherer werden lassen. Das hat es schon beim Laufenlernen gespürt und wenn du heute für eine Prüfung lernst, wirst du auch mit jeder Wiederholung sicherer. Wenn du die Treppe öfter läufst oder wenn du wiederholt auf deinen

Wecker schaust, dann möchtest du damit das unangenehme Gefühl etwas abschwächen." Interessiert hörte mir mein Sohn zu, während ich feststellte, dass seine Tränen etwas getrocknet waren. Ich fuhr fort: „Jeder Mensch spürt im Leben einmal negative Gefühle, die meisten sind jedoch nicht so schlau wie du!" Jetzt wurden seine Augen schlagartig etwas größer. Er richtete seinen Oberkörper auf und fragte nach: „So schlau wie ich?" – „Ja", fuhr ich fort, „die meisten Menschen machen negative Dinge, wenn ungute Gefühle in ihnen auftauchen. Sie rauchen Zigaretten, essen übermäßig, werden spielsüchtig, trinken Alkohol oder konsumieren andere Drogen." Die Augen meines Sohnes wurden noch größer und ich bemerkte ein leichtes Lächeln auf seinem Gesicht.

Refraiming, ein wichtiger Prozess für jede Veränderung

Das, was ich mit Worten bei meinem Sohn gemacht habe, nennt man Refraiming. Das bedeutet, dass man etwas in einen anderen Rahmen setzt, um eine neue Sichtweise zu bekommen. Zuvor dachte mein Sohn, dass seine Zwangshandlungen nur schlecht für ihn waren.

Jetzt konnte er aber seinen Wiederholungen auch etwas Gutes abgewinnen. Refraiming ist ein wichtiger Baustein für jede Veränderung. Es ist ein Umdenkprozess, der Betroffene sehr schnell aus der oft jahrelangen Gedanken- und Gefühlssackgasse herausbringt.

Wir machen das oft unbewusst im Alltag mit unseren Mitmenschen. Wenn wir einer anderen Person glaubhaft vermitteln können, dass ihre aussichtslose negative Situation auch etwas Gutes in sich trägt, dann kann das schlagartig das ganze Weltbild der betroffenen Person positiv verändern.

Refraiming ist in der Therapie ein fantastischer Türöffner für weitere großartige Veränderungen im Leben Betroffener. Nachdem ich meinen Sohn durch meine Worte in einen positiveren Gefühlszustand gebracht hatte, erklärte ich ihm: „Die meisten Menschen werden durch ihre Art, Gefühle zu beeinflussen, noch kränker, du aber machst beim Treppenlauf sogar noch eine kleine Sporteinlage." An dem entspannten Gesicht meines Sohnes erkannte ich, dass er die Verzweiflung über seine Situation abgelegt und die Opferrolle verlassen hatte.

Das war ein wichtiger Moment, denn solange wir uns als Opfer einer Situation sehen, sind wir hilflos. Wir haben dann weder die Kraft noch den Mut, uns aus dem Problem herauszubewegen. Außerdem haben wir resigniert und aufgehört, nach Lösungen für unser Problem zu suchen. Ich sah im Gesicht und an der Haltung meines Sohnes, dass das Refraiming Erfolg hatte.

Ich spürte, dass er sogar ein wenig stolz darauf war, schlauer als andere Menschen zu sein, die sich mit ihrer Strategie, Probleme zu lösen, noch kränker machten. Das war der richtige Moment, um bei seinem Problem in die Tiefe zu gehen. Bevor ich etwas sagen konnte, fragte er mich: „Kannst du mir das trotzdem wegmachen?"

Ich überlegte kurz und sagte dann zu ihm: „Ja klar. Wir können gleich einmal schauen, wo die Gefühle, die dich veranlassen, Dinge zu wiederholen, wirklich hingehören." Fragend schaute mich mein Sohn an und meinte: „Wo sollen die Gefühle denn hingehören?" Mit einem leichten Lächeln antwortete ich: „Also bestimmt nicht zur

Treppe oder deinem Wecker! Unkontrollierbare Gefühle stammen fast immer aus Erlebnissen, die wir in der Vergangenheit erlebt und verdrängt haben."

Erinnerungen können wir verdrängen, nicht aber unsere Gefühle

Mein Sohn runzelte leicht die Stirn und wollte von mir wissen: „Was bedeutet verdrängen?" Ich legte meine Hand auf seine Schulter und antwortete ihm: „Verdrängung ist eine scheinbar hilfreiche Methode, um negative Erlebnisse nicht mehr fühlen zu müssen.

Viele Menschen legen ihre negative Erinnerung in eine Gedankenschublade und versuchen dann, nicht mehr hineinzuschauen.".„Und das funktioniert?", fragte mich mein Sohn erstaunt, worauf ich erwiderte: „Nein, nicht wirklich! Wir können zwar die Bilder unserer Erinnerungen verdrängen, aber nicht die Gefühle, die wir mit ihnen abgespeichert haben.

Gefühle sind wie ein Bodyguard, der uns zu jedem Zeitpunkt schützten möchte – egal wie beschäftigt wir in unserer Außenwelt sind. Also schickt er uns negative Gefühle, um uns zu zeigen, dass etwas in unserem Leben noch nicht abgeschlossen und geregelt ist. Weil die Bilder zu den Gefühlen aber in der dunklen Schublade liegen, können wir nicht erkennen, zu welchem Problem die Gefühle eigentlich gehören. Wir bemerken dann nur, dass sich etwas in unserem Leben nicht gut anfühlt. Die meisten Menschen suchen die Gründe für diese Gefühle in ihrem Alltag.

Viele geben anderen Personen oder Situationen die Schuld für ihre Gefühle, denn dann müssen sie sich nicht um die Bilder in der Schublade kümmern. Auflösen werden sich die Gefühle aber dadurch nicht, denn sie haben ja nichts mit dem aktuellen Leben zu tun.

Betroffene Menschen entwickeln dann Verhaltensweisen, mit denen sie versuchen, die Gefühle zu vermeiden oder sie wieder wegzubekommen, wenn sie in ihrem Körper auftauchen." Mit den Worten: „So wie bei mir Papa, oder?" unterbrach mein Sohn meinen Redefluss und ich antwortete: „Ja, genau wie bei dir!"

Ich bemerkte, dass mein Sohn nachdenklich wurde, weil er sich Gedanken darüber machte, was er wohl verdrängt haben könnte und sagte zu ihm: „Wollen wir mal schauen, woher deine negativen Gefühle kommen?" Etwas zögerlich und ungläubig wollte er wissen: „Jetzt gleich hier im Bett?", worauf ich mit zustimmendem Kopfnicken erwiderte: „Ja, wenn du willst, gleich hier im Bett."

„Was muss ich machen, Papa?", fragte er als Nächstes. „Du musst nur deine Augen schließen und mir gut zuhören", antwortete ich. Ehe ich mich versah, hatte mein Sohn seine Augen schon geschlossen und wartete gespannt darauf, was jetzt passieren würde.

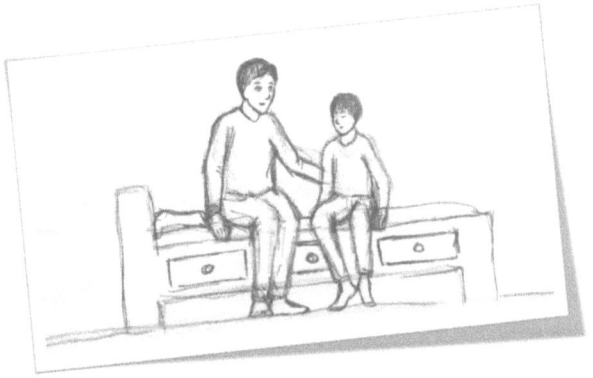

Mit den Worten: „Stell dir vor, du befindest dich auf einer wunderschönen Blumenwiese unter einem wunderbar duftenden Kirschbaum" versuchte ich die Aufmerksamkeit meines Sohnes auf seine Innenwelt zu richten.

An seinem zunehmend entspannten Gesichtsausdruck erkannte ich, dass seine inneren Bilder in ihm bereits gute Gefühle auslösten. Mit den Worten: „Ich bin schon auf der Wiese angekommen, Papa" bestätigte mir mein Sohn das, was ich gerade auf seinem Gesicht abgelesen hatte.

Gewohnheiten geben uns Sicherheit, auch wenn sie uns oft nicht glücklich machen

Wenn wir in unserem Leben etwas verändern wollen, geht das nur über unsere Gedankenwelt. 90 Prozent von dem, was wir als Erwachsener tun, sagen, fühlen und denken, hat den Ursprung in dem, was wir in unserer Vergangenheit erlebt haben. Wir greifen quasi immer wieder auf das zurück, was wir in der Vergangenheit kennengelernt haben.

Daraus haben wir dann Strategien entwickelt, wie wir auf bestimmte Situationen reagieren müssen, damit wir ein sicheres Leben führen können. Diese Strategien benutzen wir zu fast 100 Prozent immer wieder, weil sie uns Sicherheit geben. Würden wir neue, andere Strategien wählen, wäre nicht vorhersehbar, welche negativen Konsequenzen das mit sich bringen könnte. Je nachdem, wie ängstlich wir sind, benutzen wir also lieber das, was wir schon kennen, auch wenn uns das nicht unbedingt glücklich macht. Für eine Veränderung müssen wir aber unsere alten Strategien und Verhaltensweisen infrage stellen und durch neue, zielführendere ersetzen.

Das bedeutet, dass wir uns für eine Veränderung dahin begeben müssen, wo wir unsere Strategien und Gewohnheiten abgespeichert haben. Und dieser Ort ist unser Gehirn, in dem wir ähnlich wie bei einer Festplatte Daten aus unserer Vergangenheit abgespeichert haben.

Um Zugriff darauf zu bekommen, müssen wir nur die Augen schließen. Dann schaltet sich automatisch unser innerer Bildschirm an. Der Vorgang ist vergleichbar mit der Nutzung eines Computerbildschirms, der die auf der Festplatte gespeicherten Daten sichtbar macht.

Erst wenn wir die Augen schließen, bekommen wir bewussten Zugriff auf all das, was uns in unserem Leben geformt und zu dem Menschen gemacht hat, der wir heute sind. An dieser Stelle erhalten wir auf einmal Macht über unser Leben. Wenn wir wissen, wie wir an diesem Punkt Erinnerungen, Gefühle, Verhalten und Strategien verändern können, dann haben wir hier großartige

Möglichkeiten, die Weichen für unser Leben komplett neu zu stellen. Also sprach ich zu meinem Sohn: „Gut, dann schau jetzt hoch in den blauen Himmel. Stell dir vor, dass du dort oben eine kleine, weiße, wunderschöne Wolke sehen kannst. Stell dir weiter vor, dass diese Wolke zu dir herunterschwebt und sanft neben dir landet."

Es dauerte nur wenige Sekunden, bis mein Sohn zu mir sagte: „Die Wolke ist neben mir gelandet". Mit den Worten: „Steig jetzt auf diese Wolke, mach es dir bequem und lass dich von ihr hoch in den blauen Himmel tragen" führte ich meinen Sohn immer tiefer in seine Gedankenwelt. An seinem zunehmend entspannten Gesichtsausdruck konnte ich erkennen, dass er die Reise auf seiner Wolke sehr genoss.

Auch stellte ich fest, dass er sich gedanklich immer weiter aus seinem bewussten Denken entfernte und sich mit seiner inneren Welt identifizierte. Ich fuhr fort: „Fliege so hoch, wie es dir angenehm ist, nimm die frische Luft, die Sonne und die Freiheit wahr, die dir dieser Moment übermittelt."

Ich bemerkte, wie sich das Gesicht meines Sohnes dabei immer mehr entspannte und konnte förmlich spüren, dass es ihm gerade richtig gut ging. Mit den Worten: „Ich bin oben, Papa" gab mir mein Sohn zu verstehen, dass er so viel Abstand zwischen sich und seinen Lebensweg gebracht hatte, dass er sich damit wohlfühlte.

Eine neue Sichtweise, der Schlüssel für eine schnelle Therapie

Die Sichtweise von oben aus der Wolke ist ein wichtiger Baustein in meiner Therapie. Wenn wir ein Problem von außen betrachten können, dann werden wir beim Anschauen alter Erinnerungen nur mit abgeschwächten Gefühlen konfrontiert.

Es ist ähnlich wie beim Fernsehen. Natürlich ist ein Krimi spannend, aber man weiß trotzdem, dass man nicht mittendrin ist. Normalerweise sind unsere Erinnerungen in unserem Gehirn so abgespeichert, wie wir sie durch unsere Augen erlebt haben. Das bedeutet, wir sehen uns selbst nicht, sondern nur die Situation, die wir erlebt haben.

Du kannst dir vorstellen, dass eine negative Erinnerung aus der Sicht eines z. B. sechsjährigen Kindes wesentlich beängstigender ist, als wenn du als Erwachsener das kleine Kind aus der Ferne betrachtest. Diese neue Sichtweise lässt es zu, dass man schnell und einfach an das Auslöseereignis einer Zwangsstörung kommt, weil man sich nicht mehr so hilflos fühlt wie ein kleines Kind.

Die meisten Therapien wollen den Patienten jedoch in die kindliche Sichtweise zurückführen, was wohl der Grund sein dürfte, dass Therapien oft Jahre dauern und die Ursachen meist nie gefunden werden. In der Regel finde ich mit dieser Technik bei meinen Patienten schon in den ersten zwei Sitzungen die Ursachen der verschiedensten psychischen Krankheiten, was eine Therapie natürlich immens beschleunigt.

Erinnerungen sind nur noch Nervenverbindungen in deinem Gehirn

„Gut", sagte ich zu meinem Sohn, „schau bitte jetzt von deiner Wolke herunter. Stell dir vor, dass du auf einen Weg schaust, einen Weg, der zurück zu deiner Geburt führt. Was du siehst, ist dein Lebensweg.

Dort hast du alle Ereignisse abgespeichert, die du ab deiner Geburt bis zu deinem heutigen Alter erlebt hast. Alle wunderbaren, einzigartigen Momente, aber auch alle Situationen, die sich für dich nicht gut angefühlt haben. Ganz wichtig, negative Momente gehören genauso zu deinem Leben wie positive. Du brauchst keine Angst davor zu haben, die negativen Momente anzuschauen.

Diese existieren nur noch in deinen Gedanken und haben nichts mehr mit deinem aktuellen Leben zu tun, auch wenn es sich kurzzeitig so anfühlen mag. Es sind nur noch winzige, kleine Nervenverbindungen in deinem Kopf, mehr nicht. Dein Gehirn hat sie für dich aufgehoben, weil du zum damaligen Zeitpunkt noch keine Lösung für diese Probleme hattest.

Jetzt bist du aber älter geworden und hast heute alle Möglichkeiten, deinem Gehirn zu zeigen, dass du für jedes Problem auch eine passende Lösung hast. Ich verspreche dir, dass wir alles, was du Negatives auf deinem Lebensweg finden wirst, in ein paar Minuten so verändern können, dass du nie mehr ein Problem damit hast."

Gefühle von der aktuellen Lebenssituation trennen

„Okay, Papa, was soll ich jetzt machen?", fragte mich mein Sohn und ich antwortete: „Hol dir die Gefühle in deinen Körper, die du spürst, bevor du beginnst, wiederholt die Treppe hochzulaufen." Mein Sohn überlegte kurz und fragte mich dann: „Und wie soll ich das machen, Papa?" Ich antwortete: „Denk einfach an den Moment, wo du kurz davor bist, das Treppenlaufen zu wiederholen." Es dauerte ein paar Minuten, bis mein Sohn sagte: „Ich habe das Bild jetzt vor Augen!"

Ich wartete einen Augenblick und wollte dann von ihm wissen: „Kannst du auch schon etwas fühlen?", worauf mein Sohn antwortete: „Ja, das Gefühl spüre ich auch schon!"

Mit den Worten: „Prima und wo spürst du das Gefühl in deinem Körper?" lenkte ich seine Aufmerksamkeit weg von der Treppe, mit der er das Gefühl in seinem aktuellen Leben verknüpft hatte, hin zu seinem Körperempfinden. Das ist ein sehr wichtiger Punkt bei der Auflösung jedes Problems, weil die meisten negativen Gefühle, die wir heute spüren, sehr wenig mit der aktuellen Lebenssituation zu tun haben. Wenn wir die Aufmerksamkeit von dem Problem hin zum Gefühl in unserem Körper lenken, trennen wir das Gefühl von der aktuellen Lebenssituation.

Dadurch bekommen Betroffene mehr Freiheit und Flexibilität auf der Suche nach der eigentlichen Ursache des Gefühls. Die meisten Menschen suchen die Schuld für negative Gefühle bei anderen Menschen oder Situationen und verbauen sich somit die wunderbare Chance, die eigentlichen Ursachen ihrer Gefühle kennenzulernen und aufzulösen.

Mein Sohn benötigte einen kurzen Augenblick, um seine Gefühle zu lokalisieren und sagte dann: „Ich spüre sie in der Brust." „Okay, was machen die Gefühle in deiner Brust?", fragte ich weiter und nach einer kurzen Kontrolle erwiderte er: „Sie drücken."

„Gut, wenn du den Gefühlen einen Namen geben müsstest, wie würdest du sie nennen?", wollte ich wissen, worauf er nach kurzem Überlegen antwortete: „Angst und Unsicherheit." – „Okay", fuhr ich fort, „dann lass uns jetzt schauen, wo die Gefühle wirklich hingehören."

Durch diese weitere Frage hatte ich seine Aufmerksamkeit zu 100 Prozent auf sein Gefühl gelenkt und es komplett von seiner aktuellen Lebenssituation abgetrennt. Nun war er bestens darauf vorbereitet, auf die Suche nach der Erinnerung zu gehen, bei der er das Gefühl zum ersten Mal erlebt hatte.

Hierbei sei erwähnt, dass wir keine Gefühle mit auf die Welt bringen, sondern diese im Laufe unserer Kindheit in bestimmten Situationen zum ersten Mal kennenlernen. Das erste Erlebnis mit negativen Gefühlen ist meist das prägendste. Zuvor kannten wir oft nur das Gefühl von kindlicher Leichtigkeit.

Innerhalb von Sekunden mussten wir mit Erschrecken feststellen, dass es Dinge in unserem Leben gab, die sich weniger gut anfühlten. Das ist auch der Grund, warum sich solche Erinnerungen mit den dazugehörigen Gefühlen so tief in unser Gedächtnis einbrennen. Ich war nun mit meinem Sohn auf der Suche nach dem Erlebnis, bei dem er das Gefühl Angst und Unsicherheit zum ersten Mal in seinem Leben gespürt hatte.

„First emotional Moment"

Ich habe diesem Ereignis den Namen „First emotional Moment" gegeben. Auf einem solchen Erlebnis, besser gesagt auf den damit verknüpften Gefühlen, bauen viele Menschen ihr ganzes Leben auf. Immer wieder greifen sie auf dieses Ursprungsgefühl zurück, während sie gleichzeitig die Erinnerung selbst im Dunkeln halten. Das Ursprungsgefühl wird immer mehr mit anderen Lebensereignissen verknüpft und man entfernt sich dadurch von der eigentlichen Ursache des Problems.

Nur durch dieses System wird es Betroffenen möglich, dass sie z. B. Angst spüren, obwohl sie in ihrer Gegenwart nichts vorfinden, was diese Ängste rechtfertigen könnte. So kam es dann, dass mein Sohn auf der Treppe Unsicherheit und Angst spürte, obwohl es dafür keine realen Gründe gab.

Ich sagte zu meinem Sohn: „Ich zähle jetzt von eins bis drei, bei der Zahl eins fliegt deine Wolke los über deinen Vergangenheitsweg, in Richtung deiner Geburt. Bei der Zahl drei bleibt deine Wolke genau über dem Moment stehen, an dem du zum ersten Mal in deinem Leben diese Angst und Unsicherheit gespürt hast.

Du musst dabei nicht bewusst wissen, wo sich dieser Moment befindet, verlass dich einfach auf deine Wolke. Bis du bereit für diese kleine Reise?" Mit einem Kopfnicken und den Worten: „Es kann losgehen" gab mir mein Sohn zu verstehen, dass er bereit war, sich seiner Vergangenheit zu stellen. Also begann ich langsam von eins bis drei zu zählen und sagte dann zu meinem Sohn: „Gut, deine Wolke steht jetzt über deinem Lebensweg genau an der Stelle, an der du zum allerersten Mal dieses Gefühl gespürt hast.

Mach jetzt etwas Großartiges, bleibe auf deiner Wolke und schau von oben nach unten auf deinen Lebensweg. Beobachte, was sich dort unten auf deinem Lebensweg zeigt. Betrachte es als großes Geschenk, auch wenn es sich für dich weniger gut anfühlen mag.

Zeig deinem Gehirn, dass du die Person dort unten nicht mehr bist. Zeig ihm auch, dass du seit dem damaligen Zeitpunkt und heute sehr viel dazugelernt hast. Schau jetzt noch etwas genauer hinunter auf deinen Lebensweg und stell fest, wo genau dich deine Wolke hingebracht hat. Wie alt warst du? Wo warst du? Wer war beteiligt?"

Nach meinen Worten kehrte eine kurze Stille zwischen uns ein. Ich sah an seinen sich immer mehr anspannenden Gesichtsmuskeln, dass er sich langsam seinem Problem näherte. Nach wenigen Minuten unterbrach mein Sohn die Stille und berichtete: „Ich sehe mich da unten im Garten sitzen ... Ich glaube, ich war zwischen fünf und sechs Jahre alt."

„Was machst du im Garten?", fragte ich ihn. Wieder dauerte es einen Augenblick, bis er antwortete: „Ich halte ein Sandkastenförmchen in der Hand und darin mache ich aus roten Beeren ein Beerenmus."

In meinem Körper machte sich ein Aha-Gefühl breit, denn seine Worte riefen auch in mir ein Gedankenbild wach. Ich erinnerte mich an eine Geschichte, die mir meine Frau damals erzählt hatte. Mein Sohn hatte scheinbar von unserer Eibe giftige Beeren gepflückt und diese in einem Sandkastenförmchen zu Mus verarbeitet. Seine ganze Kleidung war rot und sogar in seinem Gesicht hatte er die Farbe der roten Beeren. Meine Frau kam dazu und dachte, dass er die Beeren gegessen hatte.

Sie reagierte panisch und voller Angst, weil sie sich natürlich Sorgen machte, dass unser Sohn davon Schaden nehmen könnte. Sie schrie laut und riss ihm mit den Worten: „Nicht, die sind giftig!" das Förmchen mit den Beeren aus der Hand. Genau diese Situation schilderte mir jetzt mein Sohn und mir wurde dabei einiges klar.

Meine Frau hatte damals innerhalb von Sekunden den Gefühlszustand meines Sohnes verändert. Sie hatte ihn von spielerischer Leichtigkeit in einen Zustand von Angst, Panik und Unsicherheit versetzt. Sie übertrug dabei ihre eigenen Gefühle zu 100 Prozent auf unseren Sohn.

Sicherlich hatte er seine Mutter schon einmal sauer oder wütend erlebt, aber das hier war viel schlimmer. Mein Sohn hatte ab diesem Zeitpunkt mit zwei Problemen zu kämpfen.

Erstens hatte er eine Erinnerung in seinem Kopf abgespeichert, die in ihm beim Betrachten Angst und Unsicherheit auslöste. Zweitens wusste er nicht, woran er in Zukunft erkennen konnte, ob das, was sich gerade für ihn spielerisch leicht anfühlte, nicht in nächster Sekunde falsch und gefährlich war.

Gefühle formen unser Verhalten

Natürlich hatte mein Sohn die Erinnerung verdrängt, denn er wusste nicht, wie er sich sonst davor schützen konnte. Wie schon einmal erwähnt können wir Erinnerungen verdrängen, die dazugehörigen Gefühle aber nicht. Deshalb tauchten die Gefühle bei meinem Sohn immer wieder unkontrolliert in seinem Körper auf.

Gefühle formen unser Verhalten, was bedeutet, dass sich unser Gehirn eine Strategie ausdenken muss, um in Zukunft solche negativen Gefühle möglichst zu vermeiden. Bei dem Erlebnis meines Sohnes war dies aber so gut wie unmöglich.

Wenn jemand einen Autounfall hatte, kann er danach ein Auto meiden. Hier erkennen die Betroffenen ganz klar den Auslöser ihrer Angst und können darauf reagieren. Bei der Angst meines Sohnes aber fehlte durch die Verdrängung dieses Ausgangserlebnis.

So konnte er keine bewusste Vermeidungsstrategie verwenden, wie es z. B. bei Angst vor Hunden, Aufzügen, Flugzeugen etc. möglich ist. Allein Kontrolle, Vorsicht und Wiederholung waren fortan seine Lösung, um das wiederkehrende Unsicherheitsgefühl ein wenig zu beeinflussen. Mein Sohn lebte unter einer Daueranspannung, d. h. er fühlte permanent Angst und Unsicherheit, dass wieder etwas Schlimmes passieren konnte. Den Betroffenen wird das meistens nicht gleich bewusst. Gerade wenn das Erlebnis sehr früh in der Kindheit passiert ist, denken sie, dass Gefühle der Anspannung normal sind.

Erst wenn das Gefühl im Alter immer mehr an Intensität zunimmt und die daraus resultierenden Verhaltensweisen immer störender werden, begeben sich viele auf die Suche nach Hilfe. Wenn sich im Kindesalter schlagartig etwas zum Negativen verändert, hinterlässt dies meist Spuren in der Gefühls- und Verhaltenswelt der Betroffenen.

Der plötzliche Tod eines nahestehenden Menschen, die Trennung der Eltern, ein unerwarteter Krankenhausaufenthalt, Zurückweisung einer nahstehenden Person, plötzliche Ängste und unkontrollierbare Situationen, die mit Gefühlen von Hilflosigkeit einhergehen, sind nur einige Beispiele, die eine Zwangsstörung auslösen können.

Trancezustände erleichtern und beschleunigen die Therapie

Ich teile daher nicht die Meinung der Schulmedizin, dass Zwänge genetisch bedingt sind. Zwänge resultieren meines Erachtens immer aus einem negativen Ereignis aus der Vergangenheit. Leider sind von den Krankenkassen und der Schulmedizin Therapien in Trancezuständen wie z. B. Hypnose nicht anerkannt. Aber nur in solchen Entspannungszuständen kann man seinen Fokus auf die im Gehirn abgespeicherten Erlebnisse richten. Nur so kann man auch den Auslöser für fast alle psychischen Krankheiten finden.

Wenn man aber mit begrenztem Handwerkszeug wie Psychoanalyse, Gesprächstherapie oder Verhaltenstherapie versucht, die Ursachen einer Zwangsstörung zu finden oder sie aufzulösen, muss man irgendwann zu dem Schluss kommen, dass Zwänge angeboren sind.

Wir können die Probleme nur auf der Ebene finden und lösen, von der sie auch ausgesendet und aufrechterhalten werden, und das ist von unserem Unterbewusstsein. Mit Therapien, die lediglich auf der bewussten Ebene arbeiten, ist es deshalb sehr schwer, die oft tief sitzenden Probleme der Patienten wirklich aufzulösen.

Im Übrigen habe ich in meiner Praxis bis jetzt bei fast allen meinen Patienten das Auslöseereignis für ihre Zwangsstörung gefunden. Den ersten wichtigen Schritt für die Auflösung der Zwangsstörung bei meinem Sohn hatten wir also erreicht. Durch das Schließen seiner Augen hatte er den Fokus weg von seiner Außenwelt auf seine Innenwelt gerichtet. Dadurch konnte er sich besser auf seine Gefühle und seine inneren Bilder konzentrieren. Jetzt befand er sich gedanklich an der Stelle, wo er die Gefühle von Angst und Unsicherheit zum ersten Mal in seinem Leben gespürt hatte. Biologisch gesehen ließ er in dem Moment ein Elektron durch eine Nervenbahn fließen, die sein Gehirn ihm damals für dieses Ereignis in seinem Kopf erschaffen hatte. Nur hier, und ich betone es noch einmal, nur hier bekam mein Sohn die Möglichkeit, Gefühle und Verhalten, die aus diesem Ereignis resultierten, zu verändern.

Das Beispiel vom Rohrbruch

Wenn du einen Rohrbruch in deinem Haus hast, kannst du natürlich versuchen, ständig das Wasser aus dem Zimmer zu schöpfen. Dies erfordert aber dauerhaft Energie und Anstrengung. Außerdem raubt es dir die Zeit, um dich mit den schönen Dingen des Lebens zu beschäftigen. Wenn du glaubst, dass dies die beste und einzige Lösung ist, wirst du kein entspanntes Leben führen können.

Dein Leben fühlt sich dann an wie ein Kampf und alles, was du tust, hat mit Anspannung zu tun. Anders wird es, wenn du dich nicht zu 100 Prozent mit dem Schöpfen beschäftigst, sondern einmal den Kopf hebst und überlegst, warum eigentlich ständig Wasser in dein Haus läuft. Wenn du keine Zeit dafür findest, weil du ja schöpfen musst, damit dir das Wasser nicht bis zum Hals steht, dann könntest du auch jemanden bitten nachzuschauen, wo das Wasser herkommt. Vielleicht sogar einen Fachmann, der sich mit Wasser im Haus gut auskennt. Er würde dann vielleicht feststellen, dass du einen Rohrbruch in der Wand hast.

Danach würde er die Wand öffnen und das kaputte Rohr fachmännisch abdichten. Erst dann wärst du nicht mehr gezwungen, dich ständig mit diesem Problem zu beschäftigen. Die Wände und Böden deiner Wohnung würden trocknen und du könntest unbrauchbar gewordene Möbelstücke entsorgen.

Du könntest deine Räumlichkeiten mit einer wunderbaren Farbe streichen und deine Zimmer nach deinen Wünschen neu einrichten und gestalten. Im übertragenen Sinne bedeutet das, dass du erst dann ein freies Leben genießen kannst, wenn du nicht mehr versuchst, deine Zwänge zu verändern oder lernst, mit ihnen umzugehen, sondern den Grund deiner Zwänge suchst und auflöst.

An diesem Punkt war ich mit meinem Sohn angelangt. Er stellte sich mutig seiner Vergangenheit, indem er seine Probleme offen anschaute. Wenn man die Situation auf die Rohrbruchgeschichte überträgt, könnte man sagen: Wir standen jetzt gemeinsam vor dem „Loch", aus dem das „Wasser" in sein „Lebenshaus" floss. Nun konnte er sich entscheiden, weiter zu schöpfen oder zu lernen, wie man das Loch fachmännisch stopft. Genauso wichtig wie die Suche nach dem „Loch" ist das professionelle Verschließen des „Lecks". Es sollte so verschlossen werden, dass aus dieser Stelle nie mehr ein Tropfen Wasser fließen kann.

Auch hier tut sich die Schulmedizin sehr schwer. Wenn sie wirklich an eine solche Stelle gelangen sollte, wird das „Leck" meist nur unsachgemäß und notdürftig geflickt. Die Betroffenen leben dann meist weiter in Anspannung, weil in unregelmäßigen, nicht kontrollierbaren Abständen das Leck immer wieder aufbricht.

Die regelmäßige Kontrolle und Überwachung des Lecks ist vergleichbar mit jahrelangen Therapien, die oft nie wirklich zu einer Heilung führen. Es ist dann der Versuch, unter diesen unbequemen Lebensumständen ein einigermaßen menschenwürdiges Leben zu führen.

„Flying Emotions", die größten Geheimnisse für schnelle Lebensveränderungen

Für ein wirklich freies Leben benötigen Betroffene ein Dichtmittel, welches das Loch wirklich dauerhaft verschließt. Ich gehe sogar einen Schritt weiter, es sollte das Lebenshaus noch stabiler machen, als es vor dem Rohrbruch war. Im übertragenen Sinne bedeutet dies, dass du erst aus dem Ereignis etwas lernen kannst, wenn du das Auslöseereignis deiner Zwänge gefunden und die damit verknüpften Gefühle aufgelöst hast. Aus einem verdrängten, nicht gelösten Problem können wir nichts lernen, sodass wir unbewusst immer wieder die gleichen Fehler machen werden.

Nach der Auflösung der Gefühle aber wird dich die Lernerfahrung aus dem Ereignis automatisch reifer und erwachsener werden lassen. Somit wirst du nach der Auflösung deiner negativen Erinnerungen automatisch stärker und selbstbewusster werden, als du es je zuvor warst.

Wenn ich hier von „Dichtmittel" spreche, dann meine ich im übertragenen Sinne mentale Werkzeuge. Gedankentechniken, mit denen es möglich wird, in wenigen Minuten Gefühle einer Erinnerung komplett und für immer aufzulösen. Eine Erinnerung ohne Gefühle wird für dein Gehirn schon Sekunden nach der Auflösung unwichtig.

Genauso unwichtig werden dann auch die Verhaltensweisen, die du dir ausgedacht hattest, um das negative Gefühl zu vermeiden oder es positiv zu beeinflussen. Die mentalen Werkzeuge, mit denen es möglich wird, Gefühle von Erinnerungen aufzulösen, heißen Flying Emotion. Dahinter verbergen sich für mich die größten Geheimnisse, wenn es darum geht, Erinnerungen, Gefühle und Verhalten zu verändern. Genau diese Techniken erklärte ich jetzt meinem Sohn, der interessiert und voller Erwartung meinen Worten lauschte.

„Hast du verstanden, was du jetzt gleich in Gedanken mit dem Auslöseereignis deiner Zwänge tun sollst?", fragte ich meinen Sohn. Mit einem Kopfnicken und den Worten: „Ja, habe ich" gab er mir zu verstehen, dass er bereit war für den wohl wichtigsten Moment in seinem bisherigen Leben.

Ich denke, dass es meinem Sohn zu dem Zeitpunkt nicht bewusst war, wie bedeutend dieser Moment für den Verlauf seines weiteren Lebens war. Wenn wir es hier schaffen würden, seine belastenden Gefühle und die damit verbundenen Zwänge aufzulösen, dann würde sein Leben eine komplett neue Richtung bekommen. Den meisten Menschen ist nicht klar, welche überwältigenden Auswirkungen solche winzigen Veränderungen in ihrer Gedankenwelt auf ihr zukünftiges Leben haben können.

Es ist vergleichbar mit einem Stein, der ins Wasser fällt und dessen Wellen sich über den ganzen See ausbreiten. Mehr Selbstbewusstsein, das tun, was man fühlt und denkt, Nein sagen oder an sich und seine Ziele glauben, sind nur einige Beispiele, die unser Leben privat wie beruflich in eine komplett neue Richtung lenken können.

Wenn ich diese Dinge durch eine kleine Veränderung in den Gedanken meines Sohnes ins Rollen bringen konnte, dann kann man in Bezug auf sein ganzes Leben schon von einem der wichtigsten Momente sprechen. Nicht auszudenken, welchen Leidensweg und welche Nachteile er erfahren müsste, wenn ich es hier nicht schaffen würde, ihn von seinen Zwängen zu befreien.

Nachdem ich meinem Sohn erklärt hatte, wie er die Gefühle seiner negativen Erinnerung in seinen Gedanken auflösen konnte, forderte ich ihn auf: „Schließ jetzt bitte noch einmal deine Augen und hol dir dein negatives Erlebnis wieder in deine Gedanken. Schau dir die Erinnerung noch einmal genau an und nimm wieder die Gefühle wahr, die sie in deinem Körper hervorruft." An seinem Gesicht konnte ich gut erkennen, dass er sich auf dem gedanklichen Weg zu seiner Problemerinnerung befand. Es ist immer wieder spannend zu sehen, wie sich unser Gehirn jeden noch so kleinen Muskel zu einer Problemerinnerung gemerkt hat, und beim Erinnern den dazugehörigen Gesichtsausdruck jedes Mal gleich modelliert.

Mit den Worten: „Ich habe das Bild wieder vor Augen" gab mir mein Sohn zu verstehen, dass er das Bild von der Problemerinnerung aufgerufen hatte. „Gut" sagte ich zu ihm, „dann mach jetzt in deinen Gedanken mit deiner Erinnerung genau das, was ich dir eben erklärt habe."

Mit den Worten: „Okay, Papa" begann mein Sohn nun die alte, belastende Erinnerung so zu verändern, wie ich es ihm zuvor gezeigt hatte. Ich beobachtete dabei sein Gesicht, denn wenn sich an der festgefahrenen Physiognomie seiner Gesichtsmuskeln etwas veränderte, dann wusste ich, dass sich auch etwas an seinem inneren Gedankenbild verändert haben musste.

Sein Gesicht entspannte sich zusehends, bis er schließlich zu mir sagte: „Ich bin fertig, Papa!" Jetzt war es an der Zeit, unsere Arbeit zu testen. Ich forderte ihn auf, noch einmal an das Erlebnis im Garten zu denken und darauf zu achten, was er dabei im Körper fühlte. Es dauerte nur einen kurzen Moment, bis er mit einem Lächeln auf den Lippen zu mir sagte: „Das ist ja großartig! Ich fühle nichts mehr, Papa."

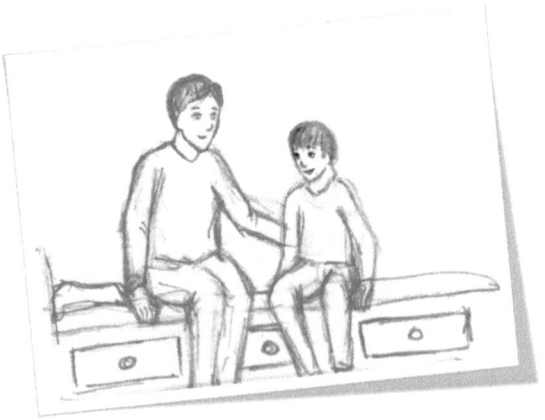

Da merkte ich, dass sich auch mein Körper langsam entspannte, denn obwohl ich wusste, dass diese mentalen Techniken bei jedem Menschen funktionieren, war es doch eine Erlösung, von meinem Sohn zu hören, dass er die belastenden Gefühle aufgelöst hatte. Mir fiel ein Stein vom Herzen und ich konnte endlich wieder frei durchatmen.

Gefühle, der rote Faden in unserem Leben

Doch am Ende waren wir jetzt noch nicht. Ein einmal erlebtes, unaufgelöstes, negatives Gefühl taucht im Leben der Betroffenen immer wieder auf. Das Gehirn lässt es wiederholt auftauchen, weil es uns sagen möchte: „Lös jetzt endlich das Problem, damit wir uns wieder mit etwas Positivem beschäftigen können." Weil wir aber meistens wegschauen, verknüpft sich das Gefühl immer weiter mit neuen Ereignissen.

So entsteht ein roter Faden, über den Betroffene beim Zurückblicken meist sagen: „Mein ganzes Leben war anstrengend und ein Kampf." Das stimmt aber so nicht, denn letztendlich war es immer nur ein und dasselbe Gefühl, das ihnen Schwierigkeiten bereitet hat. Nur weil die Betroffenen Angst hatten, es anzuschauen und aufzulösen, wurde es zum täglichen Begleiter des Lebens.

Wenn wir Menschen Sätze sagen hören wie: „Immer werde ich benachteiligt" oder „Jeder meint es schlecht mit mir", dann beschreiben sie im Grunde ein Gefühl, das ihnen vermittelt, wertlos oder hilflos zu sein.

Selbst wenn etwas Positives in ihrem Leben passieren würde, könnten sie es nicht als solches wahrnehmen, weil das Gefühl von Nichtakzeptiert-werden ihnen das Gegenteil beweist. Gefühle sind immer stärker als unsere Gedanken und haben somit die wirkliche Macht über unser Leben.

Im Laufe der Zeit sammeln sich immer mehr Situationen in Form von Erinnerungen in unserem Kopf an, die wir mit einem alten, unaufgelösten Gefühl verknüpfen. Um ganz sicher zu gehen, dass man das Gefühl komplett aufgelöst hat, sollte man sich deshalb die Zeit nehmen, alle Nachfolgeerinnerungen anzuschauen, die man mit diesem Gefühl verknüpft hatte.

Dies geht mit einer einfachen mentalen Technik, mit der sich die eventuell noch zeigenden Gefühle neutralisieren lassen. Ich forderte auch meinen Sohn auf, mit seiner Wolke zurück in seine Gegenwart zu fliegen und dabei alle auftauchenden Verknüpfungen aufzulösen. Das ging ziemlich zügig, weil mein Sohn diese Gefühle noch nicht so lange in sich trug, sodass er nach wenigen Minuten zu mir sagte: „Ich bin wieder in meinem heutigen Alter angekommen." Er gab mir damit zu verstehen, dass er alle Nachfolgeereignisse, die er mit den Gefühlen Unsicherheit und Angst verknüpft hatte, aufgelöst hatte.

Ich bat ihn jetzt noch, einen Kontrollflug in seine Vergangenheit zu machen. Er sollte seine Arbeit kontrollieren, indem er alle von ihm bearbeiteten Erinnerungen noch einmal offen anschauen und die Gefühle testen sollte. Auch dies dauerte nur einen Moment, bis er mir mit den Worten: „Alles prima, Papa" zu verstehen gab, dass er die negativen Gefühle nicht mehr spürte.

Der letzte Test auf dem Zukunftsweg

Jetzt kamen wir zum letzten Schritt, er musste noch testen, wie sich die Veränderung seiner Gefühle auf sein Zwangsverhalten auswirkte. Ich sagte deshalb zu meinem Sohn: „Fliege und lande jetzt bitte mit deiner Wolke auf deinem Zukunftsweg.

Wenn du dort angekommen bist, lass es mich bitte wissen." – „Ich bin da, was soll ich hier tun?", fragte mein Sohn einen Moment später. Ich antwortete: „Stell dir vor, dass du noch einmal die Treppe läufst und auf deinen Wecker schaust.

Kannst du es bei einem Mal belassen oder musst du es wiederholen?" Ich bemerkte, dass sich seine Augäpfel unter seinen Augenlidern schnell hin und her bewegten, weil er sich beide Situationen gerade vorstellte.

Bei seinen freudigen Worten: „Den Blödsinn muss ich nicht mehr machen Papa, ich fühle mich jetzt viel sicherer und selbstbewusster!" fiel meine komplette Anspannung von mir ab. Ich wusste, dass wir gerade die Geschichte meines Sohnes neu geschrieben hatten. Nicht auszudenken, wenn ich meinem Sohn nicht hätte helfen können.

Ich kenne die langen Leideswege meiner Patienten, die ich täglich in meiner Praxis erzählt bekomme. Gott sei Dank kann ich die meisten meiner Patienten von ihren Zwängen befreien oder ihnen zumindest ein großes Stück an Lebensqualität zurückgeben. Vielleicht fragst du dich jetzt, wie lange ich gebraucht habe, um die Zwangsstörung bei meinem Sohn aufzulösen.

Auch wenn es für dich vielleicht unglaublich klingen mag, es waren gerade einmal 15 Minuten. Meiner Meinung nach können solche Veränderungen auch nur schnell gehen, denn die Abläufe in unserem Gehirn passieren innerhalb von Sekunden. Wenn Gefahren auf uns zukommen, müssen wir sofort reagieren können und haben keine Zeit, uns stundenlang zu überlegen, was wir tun sollen.

Für Veränderungen in unserem Leben müssen wir gehirngerecht arbeiten

Darum können lange Gespräche oder das bewusste Einüben von einem neuen Verhalten meines Erachtens eine Zwangsstörung nicht wirklich heilen. Um Veränderungen in unserem Leben zu erreichen, müssen wir gehirngerecht arbeiten. Das bedeutet: schnell und in der Sprache unseres Gehirns, nämlich in Bildern. Ich möchte dir hierfür ein kleines Beispiel geben.

Stell dir vor, du hättest Streit mit einer Person. Stell dir weiter vor, du würdest kurz danach in eine andere Stadt ziehen und nie mehr auf diese Person treffen. Was würde passieren, wenn du an diese Person denkst? Richtig, dir würde das Bild vom Streit in den Sinn kommen. Gleich darauf würde dieses Gedankenbild in dir die negativen Gefühle auslösen, die du damals bei diesem Streit gespürt hast.

Das würde zwei Tage später passieren, aber auch 20 Jahre später. Warum? Weil es die letzte Situation war, die du mit dieser Person erlebt und in deinem Gehirn abgespeichert hast. Die Erinnerung in deinem Kopf kann sich nicht verändern, weil nichts in deiner Außenwelt passiert, was dieses Bild in ein anderes Licht rückt. Anders wäre es, wenn du dich z. B. einen Tag nach dem Streit bei dieser Person melden und dich mit ihr versöhnen würdest. Was würde sich für dich dann in deinem Leben verändern? Beim Gedanken an diese Person würdest du jetzt ein positives oder neutrales Gefühl bekommen.

Dein Leben würde sich leichter anfühlen, weil dich diese Gefühle nicht mehr belasten und sie auch nicht mehr unbewusst in deinem Leben auftauchen könnten. Dieses Beispiel können wir eins zu eins auf deine Kindheitserinnerungen anwenden. Jeder von uns musste in der Kindheit Dinge über sich ergehen lassen, die wir gerne anders gelöst hätten.

Leider können wir z. B. mit sechs Jahren weder ausziehen noch haben wir die Macht, uns gegen Erwachsene zu wehren. So haben die meisten von uns viele Situationen als Bilder im Kopf abgespeichert, die wir in unserer Kindheit oft stillschweigend hingenommen haben oder hinnehmen mussten.

Selten wurden diese Bilder von uns dann später noch einmal ins Bewusstsein geholt, weil sie in uns beim Betrachten Schmerzen auslösten. Wir sind hier an dem gleichen Punkt wie bei dem zuvor erwähnten Beispiel. Mit zunehmendem Alter wird es schwieriger für unser Gehirn, eine direkte Verknüpfung zu der alten Erinnerung aufzubauen, weil wir selbst und unsere Außenwelt sich zu schnell verändert haben. Wenn wir in den Spiegel schauen, können wir nicht mehr das kleine, verletzte Kind sehen, obwohl wir uns in bestimmten Situationen auch als Erwachsener fühlen wie ein solches.

Somit haben wir kaum eine Chance, dass uns unser Gehirn durch ein Erlebnis in der Außenwelt eine Verknüpfung zu unseren Kindheitserinnerungen aufbaut. Genau das aber wäre wichtig, denn nur wenn wir die Erinnerung vor unserem inneren Auge haben, können wir die damit abgespeicherten Gefühle verändern.

Letztendlich ist diese Erinnerung nur eine winzig kleine Nervenverbindung in unserem Kopf, mit der uns unser Gehirn die alte Erinnerung und das damit verknüpfte Gefühl aufbewahrt hat. Das Einzige, was uns von diesen alten Nervenverbindungen immer wieder bewusst wird, sind die Gefühle, die sie in unseren Körper senden, denn diese müssen uns natürlich vor Gefahren schützen.

So kommt es, dass Gefühle wie Angst und Unsicherheit immer wieder im Leben Betroffener auftauchen, obwohl es keinen sichtbaren Grund dafür gibt. Aber nicht nur das Gefühl bereitet Betroffenen immer wieder Probleme, sondern auch wie schon einmal erwähnt das daraus resultierende Verhalten. Unser Gehirn muss sich nämlich eine Strategie ausdenken, um die alten, negativen Gefühle zu vermeiden oder sie wieder aus unserem Körper zu bringen, wenn sie doch aufgetaucht sind.

Beim Zwang sind es die Zwangsverhalten, mit denen Zwangskranke versuchen, die auftauchenden negativen Gefühle ein wenig zu beeinflussen. Bei vielen Menschen gibt es solche Strategien. Die wohl am weitesten verbreitete ist Ja sagen, obwohl man Nein meint.

Auch hier versucht man, die negativen Gefühle, die man als Konsequenz vom Nein sagen erwartet, zu vermeiden. Leider spürt man die negativen Gefühle dann später, wenn man sich nämlich darüber aufregt, dass man wieder etwas tut, was man eigentlich nicht möchte. Auch hier täte vielen Betroffenen auf dem Weg in ein selbstbestimmtes Leben eine Veränderung gut.

Frei von Zwängen

Seit dem Erlebnis mit meinem Sohn ist jetzt schon einige Zeit vergangen. Er ist mittlerweile zu einem selbstbewussten Jungen herangereift.

Ich habe ihn in dieser Zeit immer wieder gefragt, ob er denn noch einmal Dinge tun musste, die er nicht wollte, und er sagte nur scherzhaft: „Ja, Papa, den Müll rausbringen!"

Seit dem Tag, als wir in seinem Kinderzimmer auf dem Bett saßen und sein Problem bearbeitet haben, hatte er nie mehr Probleme mit Zwängen und den Gefühlen von Unsicherheit und Angst.

Flying Emotion

Sicherlich bist du neugierig, welche Techniken sich hinter dem Begriff Flying Emotion verbergen. Ich möchte dir diese auch nicht vorenthalten, denn damit wird es möglich, jedes Gefühl einer Erinnerung aufzulösen. Im Grunde kann man diese Techniken bei jeder Art von Problemen anwenden, denn ein Problem ist nur so lange eines, solange es sich schlecht anfühlt.

Ich werde dir jetzt erklären, wie auch du versuchen kannst, mit dem gleichen Prinzip, das ich bei meinem Sohn angewendet habe, an der Auflösung deiner Zwangsstörung zu arbeiten. Die Therapie, die ich verwende, ist meines Erachtens die direkteste, weshalb sie auch meiner Meinung nach so erfolgsversprechend ist. Man stellt sich mit viel Abstand einer Erinnerung, deren Gefühle einen schon oft ein Leben lang begleiten. Anschließend löscht man dann mit mentalen Werkzeugen die Gefühle dieser Erinnerung auf. Danach werden Verhaltensweisen, die man zur Vermeidung der Gefühle entwickelt hat, unbrauchbar und lösen sich auf.

Das bedeutet, dass wir nicht um das Problem herum therapieren, wie es in den meisten Therapien gemacht wird, sondern wir packen das Problem direkt an der Wurzel und lösen es auf. Das erspart kostbare Lebenszeit, Geld und bringt Betroffene sehr schnell wieder zu ihrer persönlichen Freiheit.

Aber gerade weil die Therapie so direkt ist, wird man dabei natürlich auch mit negativen Gefühlen konfrontiert, denn nur wenn man diese spürt, weiß man auch, dass man sich gedanklich am richtigen Ort befindet. Ich weiß nicht, wie du auf negative Gefühle reagierst oder wie du mit ihnen umgehen kannst.

Wenn du also bemerkst, dass dir die Gefühle zu stark werden oder dir eine innere Stimme sagt, dass du nicht allein an den Ursprung deiner belastenden Gefühle reisen und daran arbeiten solltest, dann höre bitte auf diese innere Stimme. Ich habe am Ende des Buches noch weiterführende Lösungen, die du verwenden kannst, wenn du allein mit den vorgestellten Techniken nicht weiterkommst. Wie schon einmal erwähnt, kommen wir nicht mit Gefühlen auf die Welt, sondern wir haben Erlebnisse, bei denen wir sie zum ersten Mal spüren. Am Beispiel meines Sohnes hast du gesehen, wie man gedanklich an einen solchen Punkt gelangt.

Auch du musst für die Aufarbeitung deiner Zwänge danach Ausschau halten, wo und wann du zum ersten Mal die Gefühle, die deine Zwänge auslösen, erlebt hast. Das ist natürlich meist ein Punkt, den du verdrängt hast, weil er in dir Schmerzen verursacht, wenn du dich daran erinnerst.

Trotzdem ist es möglich, diesen Punkt zu finden, denn natürlich warst du bei diesem Erlebnis anwesend und hast das, was du dabei gesehen, gehört, gerochen, geschmeckt und gefühlt hast, als kleine Nervenverbindung in deinem Gehirn abgespeichert.

Es muss also etwas da sein. Das bedeutet, ganz egal, wie lange du auch suchen musst, du wirst irgendwann fündig werden. Du kannst hierfür, so wie ich es bei meinem Sohn gemacht habe, einfach die Augen schließen und dir vorstellen, dass du dich auf einer wunderschönen Blumenwiese befindest.

Dann kannst du dir weiter vorstellen, dass eine kleine weiße Wolke vom Himmel zu dir herunterkommt und dich einlädt, dass du dich auf sie setzen darfst. Nimm dann Platz auf dieser Wolke und schwebe mit ihr nach oben. Stell dir dabei vor, dass sich unter dir dein Lebensweg befindet, der in zwei Richtungen verläuft, einmal in die Zukunft und einmal in deine Vergangenheit.

Schwebe so hoch, dass du ganz entspannt alles von oben anschauen kannst. Fliege dann an die Stelle deiner Vergangenheit, an der du zum letzten Mal das belastende Gefühl, das du auflösen möchtest, gespürt hast. Es sollte das Gefühl sein, das du in deinem Körper spürst, kurz bevor du deine Zwangshandlungen beginnst.

Betrachte den Moment von oben und warte, bis sich die Gefühle in deinem Körper zeigen. Achte bei der ganzen Reise darauf, dass du auf deiner Wolke bleibst und dich nicht nach unten in die alten Erinnerungen ziehen lässt. Sobald du das Gefühl in deinem Körper spürst, richte deine Aufmerksamkeit weg von der Situation hin zu deinem Gefühl in deinem Körper.

Stelle fest, wo im Körper sich das Gefühl befindet und was es mit dir macht. Versuche dann, dem Gefühl einen Namen zu geben wie Angst, Wut, Hilflosigkeit etc. Achte auch hierbei darauf, dass du weiter auf deiner Wolke bleibst. Wenn du all das gemacht hast, fliege mit deiner Wolke so lange über deinem Lebensweg entlang, bis du bemerkst, dass das Gefühl verschwunden ist. Das passiert dann, wenn du über das Ereignis fliegst, bei dem du zum ersten Mal dieses Gefühl gespürt hast. Wenn du an diesem Punkt angekommen bist, fliege wieder ein kleines Stück zurück, bis das Gefühl erneut in deinem Körper auftaucht.

Jetzt bist du genau über der Stelle, an der du zum ersten Mal dieses Gefühl gespürt hast. Auch hier ist es wichtig, dass du dir immer bewusst machst, dass du erwachsen bist und dich auf der Wolke befindest. Schau jetzt von oben herunter. Meistens sieht man eine Situation spontan, manchmal dauert es auch ein wenig, bis sich eine Situation zeigt.

Warte einfach ab und schaue. Das ist der schwierigste Moment bei der Aufarbeitung deiner Zwänge, denn hier machst du etwas, was du seit deiner Kindheit nicht mehr tun wolltest, nämlich dieses Erlebnis anschauen. Hier musst du dein Gehirn überzeugen, dass du heute bereit bist, diese alte Erinnerung anzusehen und loszulassen.

Wenn du hier allein nicht weiterkommst, akzeptiere das bitte. Dein Unterbewusstsein ist dann noch nicht bereit, dir diese Information preiszugeben. Wenn das der Fall sein sollte, empfehle ich dir mein Online-Videoseminar „Leben ohne

Zwangsstörung". Hier bereiten wir uns gemeinsam Stück für Stück und in aller Ruhe auf diesen wichtigen Moment vor. Ich zeige dir einige mentale Werkzeuge, mit denen du negative Gefühle schon vorher entschärfen kannst und du lernst Tricks und Kniffe kennen, wie du mit unterschiedlichen Situationen umgehen kannst.

Erst wenn du perfekt vorbereitet bist, gehen wir dann auf die Reise zum Ursprung deiner negativen Gefühle. Gut, wenn du jetzt mit deiner Wolke direkt über dem Ereignis stehst, an dem du zum ersten Mal mit diesem Gefühl konfrontiert wurdest, und wenn du diesen Moment vor Augen hast, dann kommt jetzt der zweite wichtige Teil der Aufarbeitung deiner Zwänge.

Obwohl es der schwierigste und wichtigste Schritt ist, herauszufinden, in welcher Situation du das negative Gefühl zum ersten Mal gespürt hast, bringt dieses Wissen noch keine große Veränderung in deinem Leben. Es ist so ähnlich, wie wenn du in deinem Garten einen Blindgänger aus dem letzten Weltkrieg finden würdest. Ruhig schlafen kannst du mit diesem Wissen nicht mehr.

Erst wenn ein Räumkommando die Bombe entschärft und abtransportiert hat, kannst du in deinem Heim wieder ein entspanntes und freies Leben führen. Ich möchte dir jetzt zwei Techniken aus der mentalen Werkzeugkiste „Flying Emotion" zeigen, mit denen du in Minuten die Gefühle deiner alten Erinnerung auflösen kannst. Es sind für mich die größten Geheimnisse, mit denen es möglich wird, Gefühle wirklich zu beeinflussen, zu verändern und aufzulösen.

Wenn du von deiner Wolke aus also eine Erinnerung gefunden hast, bei der du beim Betrachten das Gefühl spürst, mit dem du die Reise begonnen hast, dann schaust du als Erstes, ob du diese Erinnerung als Bild oder Film abgespeichert hast. Unser Gehirn kennt nur diese zwei Varianten der Speicherung, die uns ja auch aus unserem echten Leben bekannt sind.

Solltest du deine negative Erinnerung als Bild abgespeichert haben, dann mache bitte Folgendes: Lege diese negative Erinnerung zur Seite und fliege mit deiner Wolke an eine Stelle deines Lebens, an der du dich wirklich stark und selbstbewusst gefühlt hast.

Auch wenn du jetzt denkst, dass es so etwas in deinem Leben nie gab, so kann es natürlich nicht sein, dass du dich seit deiner Geburt rund um die Uhr bis zum heutigen Tag nur schlecht gefühlt hast. Natürlich gab es gute Zeiten. Ich denke, dass du dich z. B. nach dem Bestehen deines Führerscheins bestimmt nicht klein und hilflos gefühlt hast.

Wenn du diesen Moment betrachtest, dann wirst du bemerken, wie du auf der Brust wieder mehr Luft bekommst und sich dein Körper aufrichtet. Denn auch in diesem positiven Moment hat dein Gehirn die Gefühle aufgezeichnet. Solche Momente sind wichtige Ressourcen, die man jedoch gerade wenn man tief in einer Krise steckt, meist nicht anzapfen kann.

Jetzt tust du das bewusst. und glaub mir, auch wenn du eine Weile suchen musst, du wirst fündig werden. Wenn du einen solchen Moment vor deinem inneren Auge hast, kommt der eigentliche Veränderungsprozess. Dein Gehirn braucht bei deiner alten negativen Erinnerung eine neue Verknüpfung.

Diese sollte deinem Gehirn zeigen, dass du nicht mehr das kleine, verletzte Kind bist, sondern dass du erwachsen geworden bist und dein Leben heute selbst in der Hand hast. Die alte, negative Erinnerung hält dich durch die immer wieder auftauchenden, damit verknüpften Gefühle in einer Zeit gefangen, in der du heute nicht mehr lebst.

Sie ist im Moment noch für dein Gehirn wie eine Sackgasse, aus der sie keinen Ausweg findet. Dein Gehirn benötigt einen neuen Weg, der in dein erwachsenes Leben führt. Im Moment bringt dich dein Gehirn immer wieder in diese Sackgasse. Du schaust dich dann um, findest keinen

Ausweg und spürst das Gefühl von Hilflosigkeit, Angst und Unsicherheit. So geht das vielleicht schon mehrere Jahre bei dir und es wird jetzt höchste Zeit, dass du dein „Gedankenstraßennetz" endlich sanierst.

Dafür musst du nur eines tun, du musst für dein Gehirn, während du dich gedanklich in der festgefahrenen Problemsituation befindest, eine Brücke in dein Erwachsenenalter schlagen. Dabei muss dich das positive Bild nicht unbedingt als erwachsener Menschen zeigen, viel wichtiger ist, dass du dich dabei stark und selbstbewusst gefühlt hast.

Du nimmst nun das positive Bild vor dein inneres Auge und schiebst es gedanklich von dir weg und machst es gleichzeitig dunkler. Das praktizierst du so lange, bis du in der Ferne einen kleinen, dunklen Punkt siehst. Dann nimmst du das negative Bild vor deine Augen und jetzt kommt die eigentliche Umprogrammierung.

Du schiebst in Gedanken das negative Bild weg und lässt es klein und dunkel werden, bis es schließlich ganz verschwunden ist und lässt gleichzeitig das positive Bild wieder auf dich zufliegen und machst es groß und hell. Das Ganze führst du zehnmal so schnell durch, wie es dir möglich ist. Denke danach einen kurzen Moment an etwas anderes und hole dir dann noch einmal das negative Bild vor Augen. Achte jetzt auf deine Gefühle. In der Regel sollte sich das negative Bild schon viel leichter anfühlen. Wenn du noch etwas Negatives spüren solltest, dann wiederhole diesen Austausch so oft, bis sich das alte Erlebnis neutral anfühlt.

Glückwunsch, du hast soeben deine Vergangenheit verändert. Vielleicht fragst du dich jetzt, warum und ob das bei jedem Menschen funktioniert. Dazu möchte ich dir eine kleine Geschichte erzählen.

Der feuchte Keller

Wir haben einen Kellerraum, den wir 2015 zu einem Gästezimmer umfunktionieren wollten. Das Problem war, dass der Raum sehr feucht war, er schon modrig roch und an einer Außenwand leichten Schimmel hatte.

Ich zerbrach mir wochenlang den Kopf, denn der Schimmel befand sich an der Außenmauer, was wohl darauf hindeutete, dass hier irgendwo Feuchtigkeit hereinkam. Feuchtigkeit von außen bedeutete wiederum, dass man das Haus außen aufgraben und neu abdichten musste, was mit einem riesigen Zeit- und Kostenaufwand verbunden war. Immer wieder ging ich das Szenario im Kopf durch und wusste auch, dass ich dies nicht allein bewältigen konnte. Also kontaktierte ich eine Maurerfirma vor Ort. Der Chef bestätigte mir meinen Verdacht. Da die Grabungen mit dem Bagger nicht möglich waren, verteuerte sich das Ganze auf mehrere Tausend Euro.

Außerdem konnte er mit der Arbeit erst drei Monate später beginnen. Wir wollten den Raum aber für unser Au-pair nutzen, das schon in einem Monat bei uns eintreffen sollte. Ich verbrachte einige schlaflose Nächte, in denen ich immer zwei Bilder vor mir hatte: Das Geld, das nicht eingeplant war, und unser Au-pair-Mädchen, das bei uns ankam, aber keine Schlafgelegenheit hatte.

Eines Abends erzählte ich mein Problem einem guten Freund, der mir den Ratschlag gab, noch einmal eine andere Meinung einzuholen. Er gab mir auch eine Adresse, bei der ich anrufen sollte. Schon am nächsten Tag hatte ich den Chef einer Verputzerfirma in dem Zimmer stehen.

Mit ruhiger Stimme sagte er: „Ich glaube nicht, dass die Feuchtigkeit von außen kommt. Da der Raum nicht isoliert ist und nur selten gelüftet wurde, ist das bestimmt Schwitzwasser an der Wand. Außerdem ist der Anstrich nicht atmungsaktiv, sodass sich dadurch schnell Sporen bilden können." Auf seine Anweisung entfernten wir die Wand von der Farbe, isolierten den Raum und verpassten ihm einen atmungsaktiven Anstrich. Das Ganze kostete nur wenige Hundert Euro. Ich war zwar anfangs etwas skeptisch, aber der Raum ist bis zum heutige Tag trocken und hat ein angenehmes Klima.

Ich hatte meine beiden Probleme gelöst: Die Kosten waren überschaubar geblieben und unser Au-Pair konnte rechtzeitig bei uns einziehen. Das Problembild hat sich in meinem Kopf aufgelöst und macht mir seit diesem Tag keine Schwierigkeiten mehr.

Du hast bestimmt schon einmal etwas Ähnliches erlebt. Du hattest ein Problem und hast dir dafür ein Gedankenbild erschaffen. Immer wenn du dieses angeschaut hast, hast du ein negatives Gefühl gespürt, weil du keine Antwort auf das Bild finden konntest. Genauso wie bei einem ungelösten Kindheitsproblem bist du auch hier in einer Sackgasse.

Solange du keine Lösung für dein Problem hattest, ist dieses Bild immer wieder in dir aufgetaucht. Je länger du dieses Problem mit dir herumgetragen hast, umso mehr ist deine Lebensqualität gesunken, weil du ständig mit negativen Gefühlen konfrontiert worden bist. Vielleicht konntest du wie ich dein Problem nicht selbst lösen, weil du keinen Zugang zu der Lösung hattest, weil dir schlichtweg das Bild dazu im Kopf fehlte. Vielleicht hast du dann jemanden um Rat gefragt, der dieses Problem ebenfalls schon hatte und dieses bereits vor dir gelöst hat.

Diese Person hat dir den Weg erklärt, den sie gegangen ist, aus dem du dir dann dein Lösungsbild im Kopf konstruiert hast. Jetzt musstest du nur noch das tun, was du dir in diesem Bild vorgestellt hast. Wenn dann alles so wie auf diesem Bild funktionierte, dann hattest du ab diesem Zeitpunkt kein negatives Gefühl mehr bei Gedanken an dieses Thema.

Du konntest einen Haken dahinter machen und du hattest plötzlich wieder mehr Lebensqualität. Genau dieses Prinzip verwenden wir auch bei der Technik Flying Emotion. Egal, wie alt dein Problembild ist, ohne deinem Gehirn eine Lösung in Form eines Bildes anzubieten, wird das damit verknüpfte Gefühl immer wieder in deinem Leben auftauchen müssen.

Bei der Technik zeigst du deinem Gehirn, dass es eine Lösung für das Problem gibt, welches du in einem anderen Zusammenhang schon einmal verwendet hast. Das bedeutet, wenn du dich damals klein und hilflos gefühlt hast, dann zeigst du deinem Gehirn, dass es auch Momente in deinem Leben gab, in denen du dich stark und selbstbewusst gefühlt hast.

Diese beiden Situationen würden in deinem realen Leben nie zueinanderfinden, weil zwischen ihnen noch keine Verknüpfung besteht. Erst wenn du deine Problemsituation genau als Bild vor dir siehst und diese mit einer emotional sehr positiven, selbstbewussten Situation verknüpfst, zeigst du deinem Gehirn einen Ausweg aus der alten Situation.

Du entfernst das Sackgassenschild und beim Gedanken an die negative Situation wird dein Gehirn direkt weitergeleitet an die verknüpfte Erinnerung, die dann Selbstbewusstsein in dir auslöst. Wenn du dir die Zeit nimmst und alle Momente, in denen dein Gehirn noch glaubt, dass du klein, hilflos, ängstlich, traurig, unsicher oder wütend warst, neu verknüpft, kommst du komplett in deinem Erwachsenenleben an.

Viele Verhaltensweisen, die du dir als Kind zum Schutz vor negativen Gefühlen erschaffen hast, machen plötzlich keinen Sinn mehr und werden sich automatisch auflösen. Das ist für mich der einzige Weg, um deine Zwänge, die letztendlich nur eine Reaktion auf deine negativen Gefühle sind, aufzulösen. Kommen wir wieder zurück zu deiner neuen Verknüpfung. Wenn du, nachdem du die Bilder ausgetauscht hast, zufrieden mit dem emotionalen Ergebnis bist, dann schreibe gedanklich noch einen schönen Satz wie z. B. „Ich bin frei und selbstbewusst" in dieses Bild.

Fliege anschließend gedanklich mit deiner Wolke auf deinen Zukunftsweg. Lande auf demselben und teste, wie sich dein Leben jetzt anfühlt. Geh dafür einfach ein paar Schritte auf deinem Zukunftsweg und fühle hinein in die Situationen, in denen du früher das Gefühl gespürt hast, welches deine Zwänge ausgelöst haben.

Male dir in bunten Farben aus, wie du jetzt ohne Zwänge durchs Leben gehst und was du alles erschaffen und erreichen möchtest. Sollte sich hier noch etwas negativ anfühlen, dann kannst du davon ausgehen, dass es ein weiteres belastendes Erlebnis in deiner Vergangenheit gibt, dass du finden und auflösen darfst.

Arbeite so lange mit der beschriebenen Technik weiter, bis du dich auf deinem Lebensweg, bei allem was du dir vorstellst, komplett frei fühlst. Wichtig ist: Sowohl positive als auch negative Gefühle gehören in unser Leben.

Der einzige Unterschied ist, dass sich negative Gefühle, die sich auf eine Situation im Erwachsenalter beziehen, nicht hilflos anfühlen. Wir spüren zwar eine Angst, die uns vor etwas schützen möchte, wir können aber immer angemessen auf diese reagieren. Aber wie gesagt, das funktioniert nur, wenn sich diese Angst nicht mit kindlichen Gefühlen vermischt, die immer den faden Beigeschmack von Hilflosigkeit mitbringen. Sicherlich ist der von mir gezeigte Weg nicht der angenehmste und es fühlt sich besser an, im Rahmen einer Gesprächstherapie über seine Probleme zu reden und dabei mit seinen Gedanken in der Realität oder nahen Vergangenheit zu bleiben.

Aus Erfahrung weiß ich aber, dass man Probleme nur dort auflösen kann, wo man sie erschaffen hat und das ist meist in der Kindheit. Du hast jetzt erfahren, wie man bei einem Bild aus der Vergangenheit die Gefühle verändern kann. Es kann aber auch sein, dass dein Gehirn eine Erinnerung als kleinen Film abgespeichert hat.

Das passiert meist dann, wenn die belastende Situation länger gedauert hat und deshalb Richtung Traumata geht. Auch hier gibt es eine tolle Lösung aus der Gruppe Flying Emotion, mit der du in Minuten das Gefühl dieser Erinnerung komplett auflösen kannst.

Diese Technik möchte ich dir hier kurz erklären, dich aber bitten, diese nicht allein anzuwenden. Die Technik ist im Grunde ganz einfach, aber man muss dabei kurz in die alte Erinnerung eintauchen und dazu benötigst du noch einiges an Hintergrundwissen und Absicherungen, damit du dich sicher und schnell von den alten Gefühlen lösen kannst. Hierfür empfehle ich dir mein Seminar „Leben ohne Zwangsstörung", in dem ich dich Stück für Stück und mit einigen Probeflügen an diese Technik, aber auch an die zuvor vorgestellte heranführe. Gerne kannst du mich natürlich auch persönlich kontaktieren oder einen Termin mit mir in meiner Praxis vereinbaren.

Bei der Technik Flying Emotion schaust du dir den negativen Film von der Wolke aus einmal komplett an und lässt dann in deinen Gedanken das letzte Bild vor dir stehen. Dann schwebst du mit deiner Wolke nach unten auf deinen Lebensweg und gehst in das letzte Standbild hinein, sodass du es durch deine Augen sehen kannst.

Dann spulst du den Film in deinen Gedanken ganz schnell rückwärts an das erste Bild des Filmes zurück. Dabei singst du laut ein lustiges Lied (Mana Mana, dib di didibi, Biene Maja etc.) mit. Auch dieses wiederholst du ein paar Mal und wirst beim Zurückspulen dabei immer schneller. Betrachte dir dann den Film noch einmal.

Auch jetzt wirst du bemerken, dass die Gefühle wesentlich weniger geworden sind. Wiederhole das bitte so lange, bis sich der Film neutral anfühlt. Danach schreibe wieder einen schönen, stärkenden Satz in den Film und fliege erneut in deine Zukunft, um zu kontrollieren, wie sich dein Leben jetzt anfühlt. Mit dieser Technik habe ich die Zwangsstörung meines Sohnes behandelt und diese in wenigen Minuten aufgelöst. Sicherlich wird das, gerade wenn man die Zwänge schon länger in sich trägt, nicht bei jedem so schnell gehen, aber es zeigt, dass es einen Weg aus einer Zwangsstörung gibt. Es ist auch egal, wie lange die Aufarbeitung von Zwänge dauert, wichtig ist nur, dass man Handwerkzeug besitzt, mit dem es möglich wird, eine Zwangsstörung wirklich zu heilen.

Hilfe zur Selbsthilfe

Du hast dir dieses Buch gekauft, weil du nach einer Möglichkeit suchst, wie du endlich deine Zwänge loswerden kannst. Ich möchte dir deshalb drei Wege aufzeigen, wie du das Gelesene für die Auflösung deiner Zwänge so nutzen kannst, dass es zu deinen Vorstellungen passt. Dazu gibt es zwei Kriterien: Zeit und Kosten. Der günstigste Weg ist, wenn man versucht, die Informationen aus einem Buch für sein Leben anzuwenden und umzusetzen.

Ein Buch über Zwangsstörung ist aber nicht vergleichbar mit einem Kochbuch, bei dem die Zutaten immer gleich sind und man jedes Mal in der gleichen Zeit zum selben Ergebnis kommt. Auch soll mein Buch kein Ratgeber sein, der dir sagt, wie du mit einer Zwangsstörung umgehst oder besser leben kannst. Stattdessen soll dir mein Buch einen neuen, für viele noch unbekannten Weg zeigen, wie du die Ursachen deiner Zwänge finden und auflösen kannst. Dabei musst du etwas tun, was du wahrscheinlich noch nie bewusst getan hast, dich mit negativen Erinnerungen und Gefühlen beschäftigen. Genau hier liegt der Unterschied zu einem Ratgeber, der dir vorschlägt, dich durch Atemübungen oder Stopptechniken etc. von den negativen Gefühlen zu distanzieren.

Die Anwendung von solchen Hilfsmitteln nimmt man natürlich dankend an und versucht sie auch gleich in seinem Leben anzuwenden, weil sie einem für einen Moment Linderung bringen können. Anders ist es, wenn du deine Zwangsstörung wirklich komplett auflösen willst, dann stichst du absichtlich ins Wespennest und gehst gedanklich dahin, wo es dir einmal sehr wehgetan hat.

Darauf musst du gut vorbereitet sein und wirklich alle Kniffs und Tricks kennen, wie du gelassen deine alten Erinnerungen aufsuchen und die Gefühle dieser Erinnerung schnell und sicher auflösen kannst. Wenn du Pilot werden möchtest, dann wirst du zuerst ganz viel Theorie lernen dürfen und dann an einem Flugsimulator alle eventuell auftauchenden Probleme so lange üben dürfen, bis du schließlich deinen ersten Probeflug machen kannst. Außerdem benötigst du noch eine gewisse Anzahl von Flugstunden, die dir immer mehr Sicherheit bringen. Wenn du dir dann vollkommen sicher bist und du auf alle eventuell auftauchenden Probleme mit kühlem Kopf und sicher reagieren kannst, dann wird dein Traum vom Fliegen Wirklichkeit. So ähnlich ist es bei der Aufarbeitung deiner Zwangsstörung. Auch wenn du jetzt theoretisch weißt, wie du deine Zwangsstörung auflösen kannst, fehlt dir noch ein großes Stück Praxiserfahrung.

Dir fehlen Trockenübungen im „Flugsimulator" und einiges an Hintergrundwissen, wie du gezielt und selbstständig das Auslöseereignis deiner Zwänge finden und deren Gefühle auflösen kannst. Manche Sportler trainieren jahrelang, um dann bei Olympia einen Diskus im Zeitraum von fünf Minuten möglichst weit zu werfen.

Auch du darfst für den wohl wichtigsten Moment deines Lebens ein Training absolvieren, um dann am „Wettkampftag", also bei der Auflösung deiner negativen Gefühle, topfit zu sein. Ich habe mir lange Gedanken gemacht, wie ich die Erfahrung mit meinem Sohn und die mit meinen Patienten auch anderen Menschen zugänglich machen kann.

Angefangen habe ich mit Seminaren, bei denen aber für viele Betroffene die Kosten durch Übernachtung, Seminarraummiete, Verpflegung und Anfahrtskosten sehr hoch waren. Außerdem haben Zwänge ja auch meistens etwas mit Ängsten und Unsicherheit zu tun, was viele daran hinderte, meine Seminare zu besuchen. Aus dem Grund habe ich beschlossen, mein Fachwissen in ein Online-Seminar zu packen, damit es jedem möglich ist, in seinem häuslichen, geschützten Umfeld an seiner persönlichen Freiheit zu arbeiten.

Ich habe in sechs Videos und 300 Minuten Spielzeit alles hineingepackt, was ich auch den Teilnehmern in meinen Seminaren vermittelt habe. Auf diesem Weg fallen für Betroffene keine zusätzlichen Kosten an und das Seminar ist für jedermann erschwinglich.

Außerdem kann so jeder in seiner eigenen Geschwindigkeit das Seminar durcharbeiten. Neben dem Versuch, allein mit den Infos aus dem Buch die Zwänge zu bearbeiten, ist also der zweite, schnellere Weg, dass du das Videoseminar nutzt, um allein oder mit einer vertrauten Person zusammen an der Auflösung deiner Zwänge zu arbeiten.

Natürlich kostet das ein wenig mehr als die Investition in ein Buch. Du musst daher selbst entscheiden, was dir dieser neue Weg wert ist. Der dritte und wahrscheinlich schnellste Weg ist, mich direkt zu kontaktieren. Egal, ob dein Auto kaputt ist, du ein Problem mit der Waschmaschine oder Heizung hast, immer fühlt es sich gut an, wenn man einen Spezialisten an der Hand hat, der genau weiß, wo er anpacken muss. Hier kommt es nur darauf an, was dir deine Gesundheit wert ist. Wir sind natürlich gewohnt, dass beim Thema Krankheit die Krankenkasse alles bezahlt. Wenn wir dann selbst für unsere Gesundheit Geld ausgeben müssen, fühlt sich das für viele wie unrecht an. Ich muss daher immer wieder schmunzeln, wenn Menschen Hunderte Euro im Jahr für Zigaretten, Alkohol und Kleidung ausgeben und wenn sie nur einen Euro in ihre Gesundheit investieren sollen, schreien sie laut auf.

Auch hier muss jeder für sich entscheiden, ob er die Wege, die die Schulmedizin anbietet, verlässt und selbst Geld in seine Gesundheit investieren möchte. Ich habe viele Patienten, die für wenige Euro im Monat eine Zusatzversicherung für Heilpraktiker abgeschlossen haben.

Da ich Heilpraktiker für Psychotherapie bin, bekommen viele meiner Kunde von ihrer Versicherung einen Teil ihrer Kosten zurückerstattet. Solltest du einen langen Anfahrtsweg zu mir haben, ist es auch möglich, ein Coaching über Skype oder Telefon zu machen.

Das tote Pferd
Ja, jetzt bist du an der Reihe. Nimm dir ein wenig Zeit, um das Gelesene setzen zu lassen. Es liegt nun an dir, ob und wenn ja, welche Wege du gehen möchtest. Vielleicht kennst du den alten Indianerspruch: „Wenn du entdeckst, dass du ein to-

tes Pferd reitest, steige ab." Das bedeutet, wenn du merkst, dass dich dein Weg nicht an dein Ziel bringt, dann probiere einen neuen aus. Stattdessen machen aber die meisten Reiter Folgendes:

- sie sagen: „Ich habe das Pferd doch schon immer geritten",
- sie besorgen sich eine größere Peitsche,
- sie besuchen ein Weiterbildungsseminar, damit sie besser reiten lernen,
- sie verdoppeln die Futterration für das Pferd,
- sie wechseln das Stroh im Stall aus,
- sie lassen den Stall renovieren,
- sie legen das tote Pferd bei jemand anderen in den Stall und behaupten, es sei seines,
- sie leugnen, jemals ein Pferd besessen zu haben.

Im Internet findest du noch mehr lustige Beispiele, was man alles mit einem toten Pferd anfangen kann☺. Ich finde diese Metapher prima. Sie hat mir in vielen Situationen geholfen, einen alten Weg zu verlassen, weil ich gemerkt habe, dass mich dieser nicht an mein Ziel bringt.

Du bist der Schöpfer deines Lebens

Ich hoffe, ich konnte dir mit dem Buch Mut machen und dir eine neuen, für viele noch unbekannten Weg zeigen, der vielleicht auch dich zu deiner ganz persönlichen Freiheit bringt. Ich bedanke mich für die kostbare Zeit, die du mir und meinen Zeilen geschenkt hast.

Ich hoffe, dass ich dir ein wenig Mut und neue Impulse für dein Leben mitgeben konnte. Merk dir bitte, du bist nicht das Opfer, sondern der wunderbare Schöpfer deines Lebens. Du kannst in jeder Sekunde deinem Leben eine neue, großartige Richtung geben. Warte nicht darauf, dass dir andere helfen, sondern nimm dein Leben selbst in die Hand. Ich bin mir sicher, dass wir nicht auf der Welt sind, um zu leiden, sondern dass auch du das Recht hast, aus deinem Leben ein großartiges Fest zu machen.

In diesem Sinne wünsche ich dir viel Mut und Offenheit, um deinen neuen, ganz persönlichen Weg einzuschlagen. Ich würde mich freuen, wenn wir uns in meinem Online-Videoseminar wiedersehen oder vielleicht auch einmal persönlich kennenlernen würden.

Herzlichst
Heiko Vandeven

„Carpe diem, nutze den Tag"

Weiterführende Informationen

Kontakt zu Heiko Vandeven

Praxis Telefon: 09371/406290
E-Mail: info@heiko-vandeven.de
Web: www.heiko-vandeven.de

Aktuelle Videos zum Thema findest du auf dem You Tube Kanal:

Mehr Informationen zum Seminar: „Leben ohne Zwangsstörung findest du unter:

www.heiko-vandeven.de/hilfe-bei-zwangsstoerung

Weitere Bücher von Heiko Vandeven

Expedition Vergangenheitsoptimierung
Ihr Abenteuer für mehr Lebensqualität
ISBN: 9783848213665

Wie du in 1 Minute dein Leben verändern kannst!
Das Geheimnis für Glück & Zufriedenheit
ISBN:9783738640700